DESSINS ANCIENS

ET MODERNES

Sièges et Meubles anciens

ÉMAUX DE LIMOGES

*Succession de Monsieur L****

(PREMIÈRE VENTE)

Dessins Anciens

et Modernes

GOUACHES - AQUARELLES

PAR OU ATTRIBUÉS A

AUVRAY, BALTARD, BIBIÉNA, BOILLY (J.), BOILLY (L.), BOSSE (A.), BOTH (J.), BOUCHER (F.), CARMONTELLE, CARPEAUX, CASANOVA, CHARLET, CLÉRISSEAU, COCHIN, COYPEL (Ch.), DAVID, DE BOISSIEU, DEBUCOURT, DESENNE, DESRAIS, DREUX (De), DROLLING, ÉCOLE ANGLAISE, ÉCOLE FLAMANDE, ÉCOLE FRANÇAISE, FRAGONARD, FREUDEBERG, GAMELIN (J.), GUARDI, HUET (J.-B), ISABEY, LAMI (E.), LE CARPENTIER, LEGILLON, LÉPICIÉ, MILLET (J.-F.), MOITTE, MONSIAUX, MOREAU (L.), OUDRY, PENA, RAFFET, ROBERT (H.), ROSALBA, ROWLANDSON, SADELER (G.), ROSA (Salvator), SCHEFFER (A.), SMITH, SWEBACH, TAUNAY, BLARENBERGHE (Van), VAN DER MEULEN, VAN KESSEL, VERNET (Carle), WICAR WILLE, WILLEBORTS.

TABLEAUX ANCIENS

OBJETS DIVERS

Sièges et Meubles Anciens

TAPIS D'ORIENT

ÉMAUX DE LIMOGES

Ivoires, Orfévrerie, Bronzes, Marbres, Bois sculptés, Terres cuites, Meubles et Sièges Anciens et de Style.

DONT LA VENTE AUX ENCHÈRES PUBLIQUES AURA LIEU

HOTEL DROUOT, Salle n° 8

Les Vendredi 11 et Samedi 12 Décembre 1925, à deux heures

COMMISSAIRE-PRISEUR :

Me Roger GLANDAZ

24, Avenue Bugeaud, 24

EXPERTS :

Pour les Objets de Curiosité :	*Pour les Objets d'Art et les Dessins :*
M. Henri LÉMAN	**M. Edouard PAPE**
Expert près le Tribunal Civil	Expert près le Tribunal Civil
37, rue Laffitte, 37	**174, Faubourg Saint-Honoré, 174**

EXPOSITION PUBLIQUE

Le Jeudi 10 Décembre 1925, de 2 heures à 6 heures.

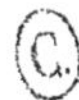

CONDITIONS DE LA VENTE

Elle sera faite au comptant.

Les acquéreurs paieront *14,[illegible] pour cent* en sus des enchères et *19,50 pour cent* pour les objets soumis à la taxe de luxe.

Aucune réclamation ne sera admise une fois l'adjudication prononcée.

ORDRE DE LA VACATION

Vendredi 11 Décembre 1925

Dessins, Gouaches, Aquarelles	Nos 1 à 104
Tableaux	Nos 105 à 115
Objets divers	Nos 116 à 126
Sièges, Meubles.	Nos 127 à 137
Tapis d'Orient.	Nos 138 à 140

Samedi 12 Décembre 1925

Grès	Nos 141 à 147
Ivoires	Nos 148 à 158
Émaux de Limoges	Nos 159 à 182
Cuivres.	Nos 183 à 191
Bronzes.	Nos 192 à 226
Bois sculptés	Nos 227 à 244
Sculptures.	Nos 245 à 254
Sièges	Nos 255 à 258
Meubles.	Nos 259 à 261

92.605. — Imprimerie Lahure, 9, rue de Fleurus, à Paris. — 1925

DÉSIGNATION

PREMIÈRE VACATION

DESSINS - AQUARELLES - GOUACHES

AUVRAY

1 **La surprise**

Lavis de sépia signé et daté 1832.

Haut., 0m21 ; larg., 0m28.

BALTARD DE LA FRESQUE

2 **Le temple d'Amour**

Les jardiniers

Deux lavis de sépia. L'un d'eux signé.

Haut., 0m35 ; larg., 0m49.

BIBIÉNA

(attribué à)

3 **Intérieur d'un palais**

Lavis.

Haut., 0m22 ; larg., 0m16.

BOILLY — RITTER

(J.) (N.)

4 **L'astronome**

Crayon signé des deux noms.

Haut., 0^{m}35; larg., 0^{m}22.

BOILLY

(L.)

5 **Grimaces**

Crayon et rehauts.

Haut., 0^{m}25; larg., 0^{m}18 1/2.

BOILLY

(L.-L.)

6 **Portrait de femme**

Crayon.

Haut., 13 1/2; larg., 0^{m}10.

BOSSE

(Abraham)

7 **Le héraut**

Plume.

Haut., 0^{m}14 1/2; larg., 0^{m}08 1/2.

BOTH

(J.)

8 **La halte**

Lavis d'encre de Chine.

Haut., 0^{m}17; larg., 0^{m}20.

BOUCHER

(F.)

(attribué à)

9 **Tête de guerrière**

Crayon noir et rehauts sur papier teinté.

Haut., 0m31 1/2; larg., 0m25.

CARMONTELLE

10 **Portrait d'un maréchal de France en petit uniforme**

Aquarelle gouachée.

Haut., 0m31 1/2; larg., 0m23.

(*Voir la Reproduction.*)

CARPEAUX

11 **Feuille de croquis**

Plume et crayon signés.

Haut., 0m31; larg. 0m18 1/2.

CASANOVA

12 **Le retour du troupeau**

Crayon et rehauts.

Haut., 0m14; larg., 0m20 1/2.

C. D.

13 **La bouteille de champagne**

Lavis et rehauts de gouache.

Haut., 0m07; larg., 0m07.

CHARLET

14 **Trois cavaliers**

Plume signée *Ch.*

Haut., 0m14 1/2; larg., 0m14 1/2.

CLERISSEAU

15 **Les fontaines jaillissantes**

Aquarelle gouachée signée.

Haut., 0^{m}42 ; larg., 0^{m}56.

COCHIN

(attribué à)

16 **Études d'Amours**

Crayon et rehauts.

Haut., 0^{m}22; larg., 0^{m}31.

COCHIN

(C.-N.)

17 **Allégorie**

Crayon. Signé.

Haut., 0^{m}16 1/2 ; larg., 0^{m}13.

(*Voir la Reproduction.*)

COYPEL

(Ch.)

(attribué à)

18 **Jeux de Nymphes**

Haut., 0^{m}11 1/2 ; larg., 0^{m}20

DAVID

(attribué à)

19 **Pâris et Hélène**

Lavis.

Haut., 0^{m}32 ; larg., 0^{m}45.

DE BOISSIEU

20 **Au cabaret**

Lavis signé sur la monture.

Haut., 0^m12 1/2; larg., 0^m19.

DEBUCOURT

21 **Le départ du mari**

Aquarelle signée *D. 1815.*

Haut., 0^m16; larg., 0^m21 1/2.

DESENNE

22 **L'escarpolette**

Lavis signé.

Haut., 0^m09; larg., 0^m12.

DESRAIS

(attribué à)

23 **Projet de monument à la gloire de La Fayette**

Plume et lavis.

Haut. 0^m22; larg., 0^m12.

DREUX

(Alfred de)

(attribué à)

24 **Fillette sur un cheval**

Crayon signé des initiales *A. D.*

Haut., 0^m11; larg., 0^m14.

DREUX

(Alfred de)
(attribué à)

25 **Le postillon**

Crayon avec rehauts, signé d'initiales.

Haut., 0^m22; larg., 0^m27.

DROLLING

26 **Étude de jeune femme**

Crayon signé en bas et à gauche.

Haut., 0^m28; larg., 0^m22 1/2.

(Voir la Reproduction.)

ÉCOLE ANGLAISE

(XVIIIe siècle)

27 **Portrait présumé du Duc de Chartres**

Crayon.

Haut., 0^m25 1/2; larg., 0^m18.

ÉCOLE FLAMANDE

(XVIIe siècle)

28 **Rendez-vous de chasse**

Plume et lavis de bistre.

Haut., 0^m27; larg., 0^m33 1/2.

ÉCOLE FLAMANDE

(XVIIe siècle)

29 **Ville au bord d'un fleuve**

Lavis.

Haut., 0^m26; larg., 0^m44 1/2.

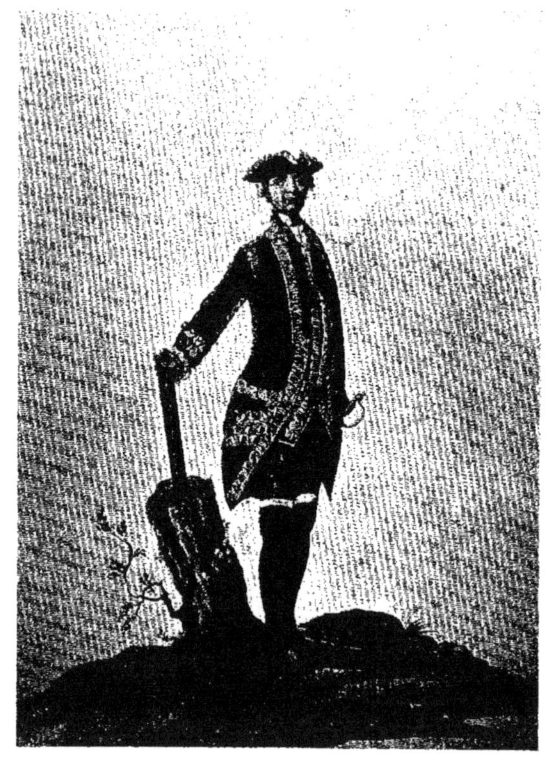

10

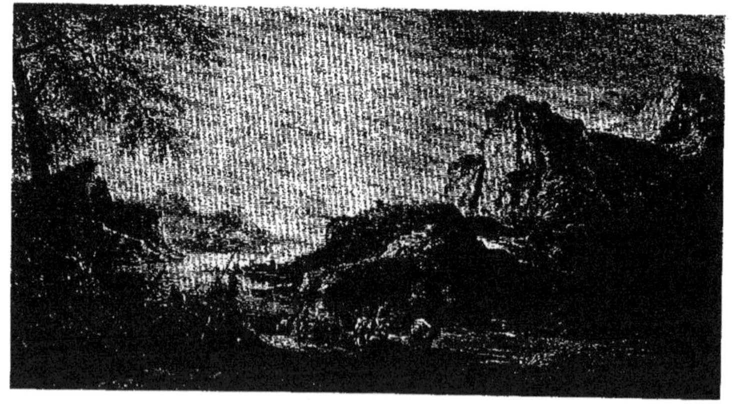

ÉCOLE FLAMANDE

(XVIIe siècle)

30 **Le pont de bois**

Crayon.

(Voir la Reproduction.)

ÉCOLE FRANÇAISE

(XVIIe siècle)

31 **Troupeau et personnages**

Crayon noir.

Haut., 0m21 1/2; larg., 0m29.

ÉCOLE FRANÇAISE

(XVIIe siècle)

32 **Le marché**

Aquarelle gouachée.

Haut., 0m24; larg., 0m43.

ÉCOLE FRANÇAISE

(XVIIIe siècle)

33 **La surprise**

Crayon.

Haut., 0m22; larg., 0m32.

ÉCOLE FRANÇAISE

(XVIIIe siècle)

34 **Portraits présumés de Lekain et de Mlle Sainval**

Plume et lavis.

Haut., 0m13 1/2; larg., 0m15.

*

ÉCOLE FRANÇAISE

(XVIIIe siècle)

35 **Portrait d'homme**

Crayon.

Haut., 0^m^15; larg., 0^m^10 1/2

ÉCOLE FRANÇAISE

(XVIIIe siècle)

36 **Le petit paysan**

Crayon.

Haut., 0^m^07; larg., 0^m^08.

ÉCOLE FRANÇAISE

(XVIIIe siècle)

37 **La lettre**

Aquarelle.

Haut., 0^m^22; larg., 0^m^18.

ÉCOLE FRANÇAISE

(XVIIIe siècle)

38 **Portrait d'un grand seigneur**

Crayon.

Haut., 0^m^26; larg., 0^m^22.

ÉCOLE FRANÇAISE

(XVIIIe siècle)

39 **Minerve couronne un héros**

Crayon.

Haut., 0^m^31 1/2; larg., 0^m^24 1/2.

ÉCOLE FRANÇAISE

(XVIIIe siècle)

40 **L'homme au turban**

Crayon et rehauts.

Haut., 0^{m}39 ; larg., 0^{m}26.

ÉCOLE FRANÇAISE

(XVIIIe siècle)

41 **Nymphes près d'une vasque**

Lavis.

Diam., 0^{m}16.

(Voir la Reproduction.)

ÉCOLE FRANÇAISE

(XVIIIe siècle)

42 **Jeux d'amours**

Crayon.

Haut., 0^{m}12 1/2 ; larg., 0^{m}20.

ÉCOLE FRANÇAISE

(XVIIIe siècle)

43 **Bacchanale**

Crayon et lavis.

Haut., 0^{m}20 ; larg., 0^{m}24.

ÉCOLE FRANÇAISE

(XVIIIe siècle)

44 **Étude d'homme assis**

Haut., 0^{m}20 ; larg., 0^{m}14 1/2.

ÉCOLE FRANÇAISE

(XVIIIe siècle)

45 **Le château fort**

Aquarelle.

Haut., 0m23 ; larg., 0m33 1/2.

ÉCOLE FRANÇAISE

(XVIIIe siècle)

46 **Le concert**

Crayon.

Haut., 0m14 1/2 ; larg., 0m19 1/2.

ÉCOLE FRANÇAISE

(XVIIIe siècle)

47 **La femme au bonnet**

Crayon noir.

Haut., 0m19 ; larg., 0m14.

ÉCOLE FRANÇAISE

(XVIIIe siècle)

48 **Lavandière**

Crayon et rehauts.

Haut., 0m19 ; larg., 0m14.

ÉCOLE FRANÇAISE

(XVIIIe siècle)

49 **Les philosophes**

Aquarelle.

Haut., 0m23 ; larg., 0m18 1/2.

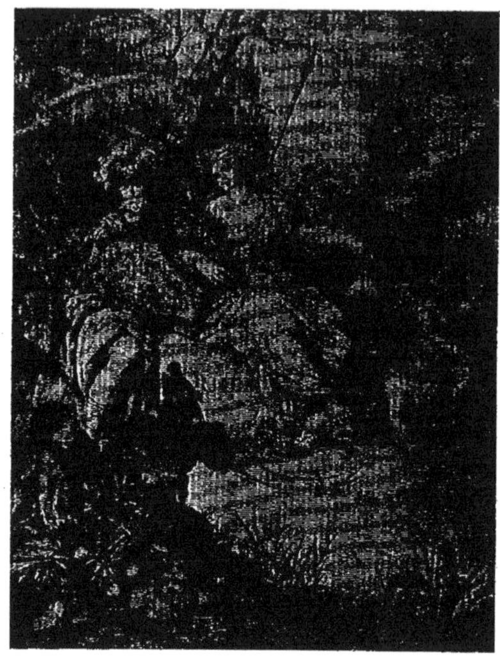

17

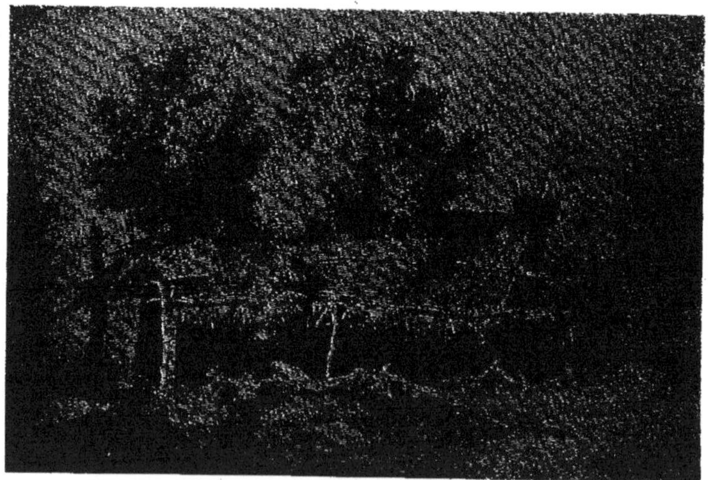

68

ÉCOLE FRANÇAISE
(XVIIIe siècle)

50 **Le repas du faune**

Lavis.

Haut., 0^{m}22 1/2; larg., 0^{m}17.

ÉCOLE FRANÇAISE
(XVIIIe siècle)

51 **La rupture**

Lavis de bistre.

Haut., 0^{m}14 1/2; larg., 0^{m}16 1/2.

ÉCOLE FRANÇAISE
(XVIIIe siècle)

52 **Marines**

Deux aquarelles faisant pendants.

Haut., 0^{m}20; larg., 0^{m}33.

ÉCOLE FRANÇAISE
(XVIIIe siècle)

53 **Faune et Bacchants**

Plume et aquarelle.

Haut., 0^{m}20; larg., 0^{m}18.

ÉCOLE FRANÇAISE
(XVIIIe siècle)

54 **La visite**

Gouache.

Haut., 0^{m}25; long., 0^{m}19.

(*Voir la Reproduction.*)

ÉCOLE FRANÇAISE

(Fin du XVIIIe siècle)

55 **Personnages dans des ruines**

Deux gouaches faisant pendants.

Haut., 0m53; larg., 0m45.

ÉCOLE FRANÇAISE

(Fin du XVIIIe siècle)

56 **Le camp**

Lavis de sépia, signé et daté *1799. W.*

Haut., 0m17 1/2; larg., 0m41.

ÉCOLE FRANÇAISE

(Fin du XVIIIe siècle)

57 **Portrait d'homme**

Portrait de femme

Crayon et rehauts.

Haut., 0m17; larg., 0m14.

ÉCOLE FRANÇAISE

(Commencement du XIXe siècle)

58 **Portrait d'un officier**

Crayons de couleurs.

Haut., 0m13 1/2; larg., 0m09 1/2.

ÉCOLE FRANÇAISE

(Commencement du XIXe siècle)

59 **L'entrepont du Bulwark**

Lavis.

Haut., 0m20; larg., 0m38.

ÉCOLE HOLLANDAISE

(XVIIe siècle)

(attribué à)

60 **Portrait d'homme**

Crayon.

Haut., 0m29; larg., 0m23.

ÉCOLE SUISSE

(XIXe siècle)

61 **Paysage Bernois**

Gouache.

Haut., 0m25 1/2 ; larg., 0m 22.

FRAGONARD

(d'après)

62 **Le petit prédicateur**

Haut., 0m32 ; larg., 0m34.

FRAGONARD

(École de)

63 **Le sommeil du mari**

Lavis.

Haut., 0m16; larg., 0m21 1/2.

FRAGONARD

64 **Projet de vase**

Plume et lavis, signé dans le bas : *Frago.*

Haut., 0m34; larg., 0m28 1/2.

(*Voir la Reproduction.*)

FREUDEBERG

(attribué à)

65 **La tapisserie interrompue**

Dessin aquarellé.

Haut., 0^m35; larg., 0^m27.

GAMELIN

(Jacques)

(attribué à)

66 **Le camp**

Escarmouche de cavalerie

Crayon et rehauts.

(*Voir la reproduction.*)

GUARDI

(attribué à)

67 **Une place publique**

Plume et lavis.

Haut., 0^m21; larg., 0^m24 1/2.

HUET

(J.-B.)

68 **Le toit de paille**

Lavis.

Haut., 0^m18 1/2; larg., 0^m28.

(*Voir la Reproduction.*)

H. R.

69 **Personnages dans des ruines**

Lavis.

Haut., 0^m10; larg., 0^m12 1/2.

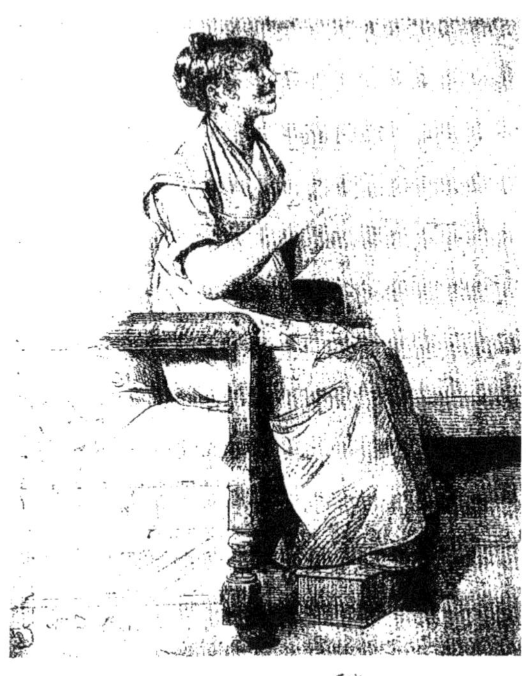

26

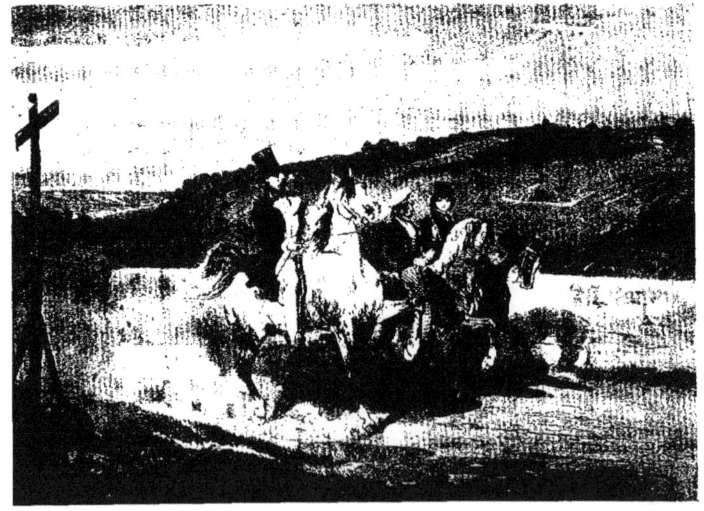

74

INCONNU

(Commencement du XIXe siècle)

70 **La visite chez l'antiquaire**

Aquarelle gouachée.

Haut., 0m18 1/2 ; larg., 0m10.

INCONNU

(XIXe siècle)

71 **Le concert**

Aquarelle.

Haut., 0m15; larg., 0m22.

ISABEY

72 **Portrait d'un enfant et d'un vieillard**

Lavis et rehauts.

Haut., 0m12; larg., 0m09.

LAMI

(E.)

73 **La diligence**

Plume et rehauts.

Haut., 0m09 ; larg., 0m05 1/2.

LAMI

(Eugène)

74 **La promenade**

Aquarelle gouachée, signée et datée 1841.

Haut., 0m60; larg., 0m 22.

(*Voir la Reproduction.*)

**

LE CARPENTIER
(C.)

75 **Portrait de femme**

Crayon et rehauts, signé dans le bas.

Haut., 0m18; larg., 0m15.

LEGILLON
(attribué à)

76 **L'âne**

Crayon et rehauts.

Haut., 0m14; larg., 0m18 1/2.

LÉPICIÉ
(attribué à)

77 **Scène familiale**

Lavis d'encre de Chine.

Haut., 0m13: larg., 0m15 1/2.

MILLET
(J.-F.)
(attribué à)

78 **Le retour des champs**

Le meunier

Deux crayons noirs.

Haut., 0m20; larg., 0m16.

MOITTE
(attribué à)

79 **Bacchanale**

Plume et encre de Chine.

Haut., 0m16; larg., 0m42.

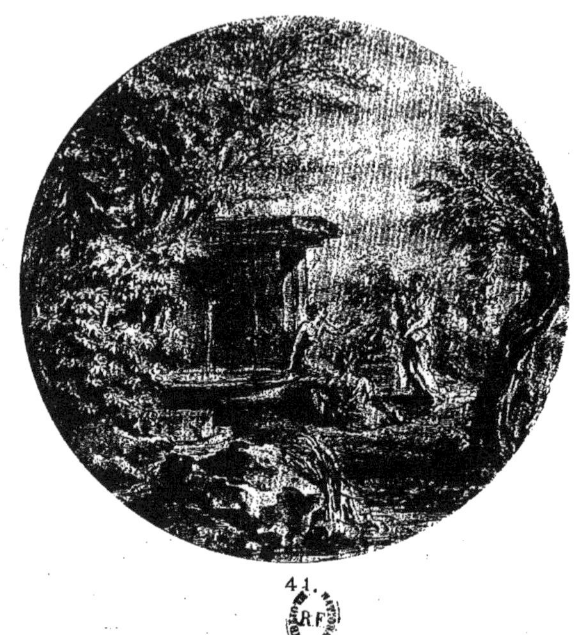

41.

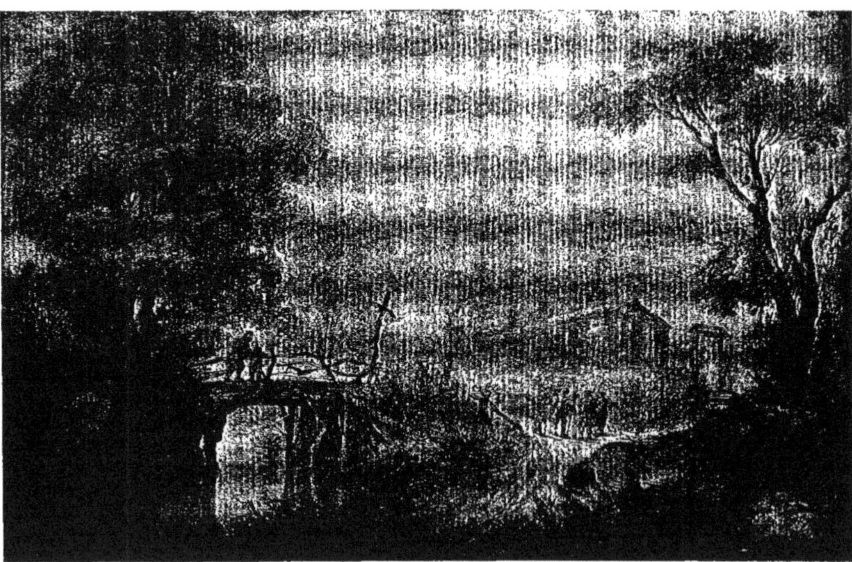

MONSIAUX

80 **L'hymen**

Lavis de sépia, signé et daté 1787.

Haut., 0^m23 ; larg., 0^m18 1/2.

MOREAU

(Louis)

(attribué à)

81 **Le pont**

Lavis.

Haut., 0^m12 1/2 ; larg., 0^m09 1/2.

OUDRY

(J.-B.)

(attribué à)

82 **Argus et Mercure**

Plume et rehauts.

Haut., 0^m27 ; larg., 0^m23.

PENA

(F.)

83 **La carriole**

Crayon et rehauts, signé.

Haut., 0^m23 ; larg., 0^m30.

RAFFET

84 **Chevaux et soldats**

Deux crayons et un cadre, signés.

Haut., 0^m11 ; larg., 0^m14 1/2.

RAFFET

85 **Étude pour le voyage en Russie**

Crayon.
Cachet de la vente.

Haut., 0m24 1/2 ; larg., 0m20.

ROBERT
(Hubert)
(École de)

86 **Personnages près d'une fontaine**

Aquarelle.

Haut., 0m45; larg., 0m58.

ROSALBA
(attribué à)

87 **Portrait de jeune femme**

Aquarelle.

Haut., 0m12 1/2 : larg., 0m09.

ROWLANDSON

88 **L'amant bafoué**

Aquarelle.

Haut., 0m22 ; larg., 0m18.

SADELER
(Gilles)
(attribué à)

89 **Le duel aux flambeaux**

Lavis.

Haut., 0m10 ; larg., 0m13.

SALVATOR ROSA

90 **Soldats au bord d'un fleuve**

Lavis.

Haut., $0^{m}12$; larg., $0^{m}22$.

(Voir la Reproduction.)

SCHEFFER

(Ary.)

91 **Épisode des croisades**

Plume et lavis, signé en bas, à droite.

Haut., $0^{m}25$ 1/2; larg., $0^{m}39$.

SMITH

(attribué à)

92 **Thoughts on Matrimony**

Aquarelle.
La gravure par *Balliot* accompagne le dessin.

Haut., $0^{m}20$; larg., $0^{m}16$ 1/2.

SWEBACH DESFONTAINES

(attribué à)

93 **Combat de cavalerie au bord de la mer**

Plume et lavis.

Haut., $0^{m}15$ 1/2; larg., $0^{m}22$.

TAUNAY

94 **Paysage**

Lavis d'encre de Chine, signé.

Haut., $0^{m}25$; larg., $0^{m}38$.

VAN BLARENBERGHE

(attribué à)

95 **Paysage**

Lavis d'encre de Chine.

Haut., 0^m34 1/2; larg., 0^m4

VAN DER MEULEN

(attribué à)

96 **Combat de cavalerie**

Plume et lavis.

Haut., 0^m19; larg., 0^m27 1/2.

VAN KESSEL

97 **Le repas des singes**

Lavis.

Haut., 0^m11; larg., 0^m16.

VERNET

(Carle)

(attribué à)

98 **Portrait d'un jeune cavalier**

Crayon et rehauts.

Haut., 0^m51; larg., 0^m31.

VERNET

(Jules)

(attribué à)

99 **Le château Saint-Ange**

Lavis.

Haut., 0^m07 1/2; larg., 0^m13.

VERNET
(Carle)

100 **La diligence**

Plume et lavis, signé.

Haut., 0m13 1/2; larg., 0m27.

WICAR

101 **La Vierge et l'Enfant**

Crayon.

Haut., 0m20; larg., 0m15.

WILLE

102 **La poursuite**

Lavis.

Haut., 0m16; larg., 0m23.

WILLE

103 **Portrait de vieillard**

Sanguine.

Haut., 0m36; larg., 0m28 1/2.

WILLEBORTS
(T.)
(attribué à)

104 **Le triomphe de Silène**

Aquarelle.

Haut., 0m20; larg., 0m25.

TABLEAUX

BONNINGTON

(R. P.)

(attribué à)

105 **Mazarin et Anne d'Autriche**

Peinture.

Haut., 0^m31 ; larg., 0^m23.

BONNINGTON

(R.-P.)

(attribué à)

106 **Faubourg d'une ville**

Toile.

Haut., 0^m34; larg., 0^m23.

DENNER

(B.)

(attribué à)

107 **L'homme au béret bleu**

Panneau.

Haut., 0^m31; larg., 0^m30.

ÉCOLE FLAMANDE

(XVIe siècle)

108 **Saint Jean-Baptiste**

Panneau.

Haut., 0^m25 ; larg., 0^m18 1/2.

ÉCOLE FLAMANDE
(XVIIe siècle)

109 **Jonas sortant de la baleine**

Panneau.

Haut., $0^{m}43$; larg., $0^{m}70$.

ÉCOLE FLAMANDE
(XVIIe siècle)

110 **Nature morte**

Panneau.

Haut., $0^{m}57$; larg., $0^{m}46$.

ÉCOLE FLAMANDE
(XVIIe siècle)

111 **Le chemin de Damas**

Panneau.

Haut., $0^{m}54$; larg., $0^{m}72$.

ÉCOLE FRANÇAISE
(XVIIIe siècle)

112 **Portrait d'un homme cuirassé**

Esquisse.

Haut., $0^{m}16$; larg. $0^{m}12$.

ÉCOLE FRANÇAISE
(XVIIIe siècle)

113 **Portrait de Voltaire à sa table de travail**

Peinture sur carton.

Haut., $0^{m}24$; larg., $0^{m}18$.

ÉCOLE ITALIENNE

(XVIIe siècle)

114 **Le Christ battu de verges**

Haut., 0m46; larg., 0m34.

VAN LOO

(Michel)

(attribué à)

115 **Portrait présumé de la Duchesse de Parme**

Toile.

Haut., 0m31; larg., 0m22 1/2.

OBJETS DIVERS

116 — **Quatre panneaux** à sujets de chasse, paysages, etc., en étoffe brodée. XVIIe siècle.

117 — **Pendule** en biscuit : *l'Amour médecin*. XIXe siècle.

118 — **Boîte** rectangulaire peinte au vernis de paysages animés. Commencement du XIXe siècle.

119 — **Petit buste** de Voltaire, en ivoire.

120 — **Petit buste** d'homme, en marbre, signé JACQUES ROSSET, *fils aîné, à Saint-Claude, rue du Pré 1774*. XVIIIe siècle.

121 — **Tasse** à vin en argent avec médaille encastrée et anses dauphins.

122 — **Deux boîtes** à savon à couvercle ajouré. XVIIIe siècle.

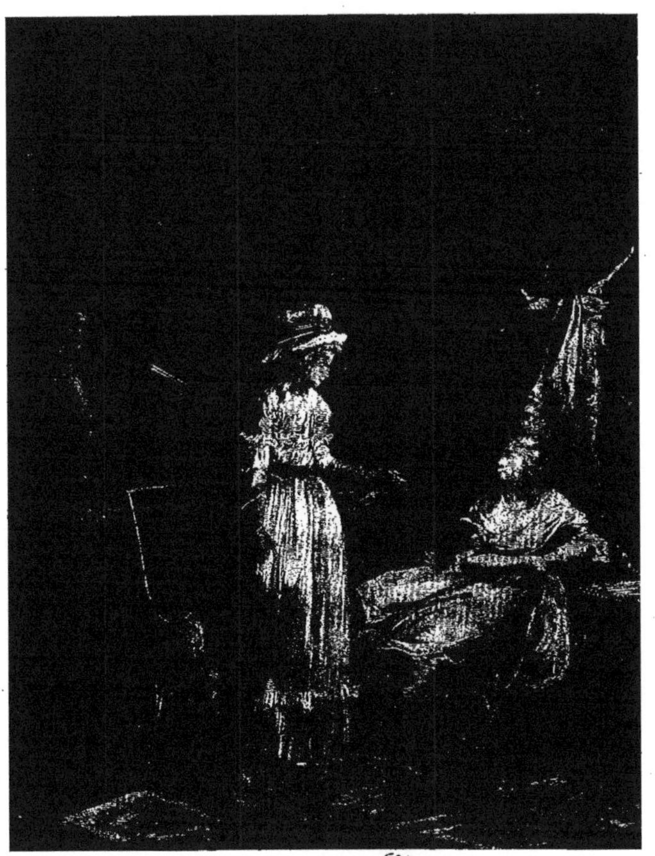

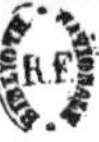
R.F.

123 — **Cafetière** en argent à côtes tournantes et feuillages gravés. Ancien travail allemand.

124 — **Petit hanap** en argent orné de guirlandes, médaillons, mascarons, etc. XVIIIe siècle.

125 — **Gobelet** en argent à piédouche à guirlandes et médaillons. Commencement du XIXe siècle.

126 — **Petite coupe** ajourée de forme ovale, en argent. XVIIIe siècle.

SIÈGES - MEUBLES

127 — **Fauteuil** de bureau en bois sculpté et canné orné de fleurettes en relief. Époque Louis XV.

128 — **Petit cabinet** à neuf tiroirs et une porte avec support, en bois noir marqueté d'écaille et d'étain. XVIIe siècle.

129 — **Petite table** rectangulaire à colonnettes réunies par une entretoise ajourée. Sur le plateau marqueterie : petit groupe. Commencement du XIXe siècle.

130 — **Petit cabinet** en bois de placage et étoffe. Il est marqueté à l'intérieur et présente de nombreux tiroirs avec fixés sur verre. XVIIe siècle.

131 — **Commode** en bois de placage à trois rangs de tiroirs. Poignées, chutes, entrées en bronze. Dessus de marbre. XVIIe siècle.

132 — **Bureau** à dos d'âne en bois de placage marqueté de filets. Filets galbés. Époque Louis XV.

133 — **Commode** en bois de placage, à trois rangs de tiroirs, de forme mouvementée ornée de chutes, tablier, poignées, entrées, etc. Dessus de marbre. Époque Louis XV.

134 — **Secrétaire** en bois de placage, marqueté sur le devant de vases fleuris, draperies, bureau plat, etc., et sur les côtés d'attributs de musique. Dessus de marbre blanc. Époque Louis XVI.

135 — **Commode** à trois rangs de tiroirs, légèrement galbée, sur le devant marquetée de cuivre et écaille. Mascarons, poignées, chutes, etc. en bronze. XVIIe siècle.

136 — **Chiffonnier** à sept tiroirs en bois de placage marqueté de fausses cannelures sur les côtés et d'encadrements à filets. Dessus de marbre. Époque Louis XVI.

137 — **Commode** en bois de placage de forme mouvementée à trois rangs de tiroirs, marqueté de losanges. Entrées, chutes, poignées, etc. en bronze ciselé et doré. Époque Régence.

(*Voir la Reproduction.*)

TAPIS D'ORIENT

138 — **Petit tapis** de Boukara à carrelages sur fond rubis.

1^{m}15 × 1^{m}00.

139 — **Tapis d'Orient** à ornements stylisés sur fond bleu. Trois bordures.

1^{m}80 × 1^{m}30.

140 — **Tapis d'Orient** orné d'arabesques et arbustes stylisés sur fond clair. Large bordure rouge.

1^{m}60 × 2^{m}00.

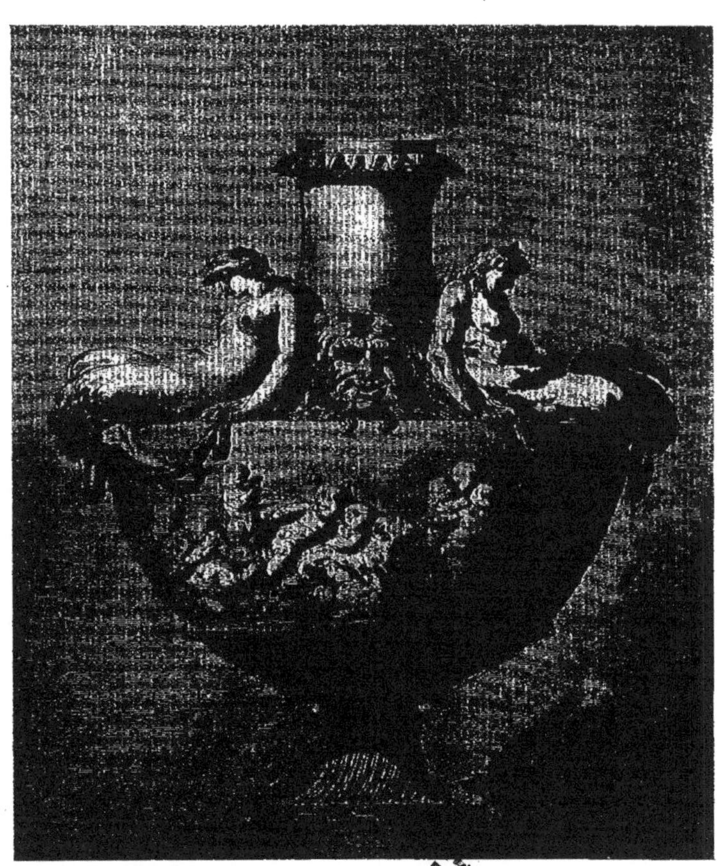

DEUXIÈME VACATION

GRÈS

141 — **Cruche** en grès émaillé brun. Sujet tiré de l'histoire de la chaste Suzanne.

Haut., 1^m31.

142 — **Cruche** en grès émaillé brun. Décor de personnages et d'armoiries. Couvercle en étain.

Haut., 0^m39.

143 — **Deux cruches** en grès émaillé brun ornées chacune d'un mascaron barbu.

144 — **Deux chopes** en grès émaillé en couleurs à décor de fleurettes. Couvercle en étain.

145 — **Deux chopes** en grès émaillé en couleurs ornées du Christ et des Apôtres.

146 — **Trois cruches** en grès émaillé bleu. Décor à personnages.

147 — **Une canette** en grès de Siegburg et trois petits vases en grès variés de forme.

IVOIRES

148 — **Volet** de diptyque en ivoire représentant le Christ en croix entre la Vierge et saint Jean. Art français. XIVe siècle.

Haut., 0m08; larg., 0m05.

149 — **Petit diptyque** en ivoire représentant la Vierge assise tenant l'Enfant, entre saint Jean-Baptiste et sainte Catherine, et le Christ entre divers saints personnages. Art français. XIVe siècle.

Haut., 0m07; larg. ouvert, 0m10.

150 — **Plaquette** en ivoire sculpté provenant d'un triptyque et représentant le Christ en croix entre la Vierge et saint Jean. Art français. XIVe siècle.

Haut., 0m09 1/2; larg., 0m55.

151 — **Baiser de Paix** en ivoire sculpté représentant l'Annonciation. Art français. XVe siècle.

Haut., 0m102.

152 — **Baiser de Paix** en ivoire sculpté représentant sainte Madeleine debout, tenant le vase à parfums. Art français. XVe siècle.

Haut., 0m11.

153 — **Petite plaquette** en ivoire représentant la Pentecôte. Art français. Commencement du XVIe siècle.

Haut., 0m08 1/2; larg., 0m06.

154 — **Petite statuette** en ivoire sculpté : Sainte Madeleine tournée vers la droite. Fin du XVIe siècle.

Haut., 0m09.

155 — **Statuette** en ivoire sculpté représentant la Vierge debout, la tête levée et tournée vers la droite.

Haut., 0m17.

156 — **Groupe** en ivoire sculpté représentant la Vierge assise, la tête tournée vers la gauche, tenant l'Enfant debout et nu sur son genou.

Haut., 0m13.

157 — **Six petites plaquettes** en os sculpté provenant d'un coffret italien représentant chacune un sujet à personnages.

Haut., 0m11 environ.

158 — **Coffret** rectangulaire en marqueterie de bois de couleurs et d'os. Il est orné au pourtour de petites plaquettes d'os juxtaposées, ornées de personnages. Art italien. Fin du XVe siècle.

Haut., 0m72 ; larg., 0m31.

ÉMAUX DE LIMOGES

159 — **Petite plaque** en émail peint en couleurs représentant la Pieta. Atelier de Pénicaud. Limoges. XVIe siècle.

Haut., 0m05 ; larg., 0m07.

160 — **Petite plaque** en émail peint en couleurs représentant le Christ mort sur les genoux de la Vierge. Atelier de Pénicaud. Limoges. XVIe siècle.

Haut , 0m11 ; larg., 0m09.

161 — **Plaque** rectangulaire en émail peint en couleurs représentant la décapitation d'un saint. Il est représenté agenouillé devant deux estropiés et apercevant des anges sur une nuée. Fond de paysage avec ville fortifiée. A la partie inférieure une légende en vieux français. Limoges. XVIe siècle.

Cadre en bois doré.

Haut., 0m20 ; larg., 0m17.

162 — **Plaque** rectangulaire en émail peint en couleur représentant le Christ et la Vierge à mi-corps. Martial Raymond. Limoges. XVIe siècle.

Haut., 0^m17 ; larg., 0^m14.

163 — **Trois plaques** rectangulaires en émail peint en couleurs représentant le Christ martyrisé, la Crucifixion et la Descente de Croix. Atelier de Jean Courtois. Limoges. XVIe siècle.

Dans un même cadre.

Haut., 0^m19 1/2; larg., 0^m16.

164 — **Deux plaques** rectangulaires en émail peintes en couleurs représentant l'une saint Jacques et l'autre saint André. Limoges. XVIe siècle.

Haut., 0^m23; larg., 0^m17.

165 — **Plaque** rectangulaire à coins coupés en émail peint en couleurs, représentant saint Jean accompagné de l'Agneau, assis sur un rocher et tendant une sébile au jet d'une source. Encadrement à rocailles. Jacques Laudin. Limoges. XVIIe siècle.

Haut., 0^m20 1/2; larg., 0^m18 1/2.

166 — **Plaque** rectangulaire en émail peint en couleurs, représentant la Vierge et l'Enfant apparaissant sur une nuée et remettant un chapelet à saint Dominique agenouillé. Encadrement à rocailles. Laudin. Limoges. XVIIe siècle.

Haut., 0^m20 1/2; larg., 0^m16 1/2.

167 — **Deux plaques** en émail peint en couleurs représentant l'Annonciation. Laudin. Limoges. XVIIe siècle.

Encadrée.

168 — **Plaque** rectangulaire en émail peint en couleurs : S. GVILLELMVS, par Laudin. Limoges. XVIIe siècle.

Haut., 0^m10 1/2 ; larg., 0^m08 1/2.

169 — **Plaque** rectangulaire en émail peint en couleurs représentant saint François. J. Laudin. Limoges. XVIIe siècle.

Cadre doré.

Haut., 0^m23; larg., 0^m19.

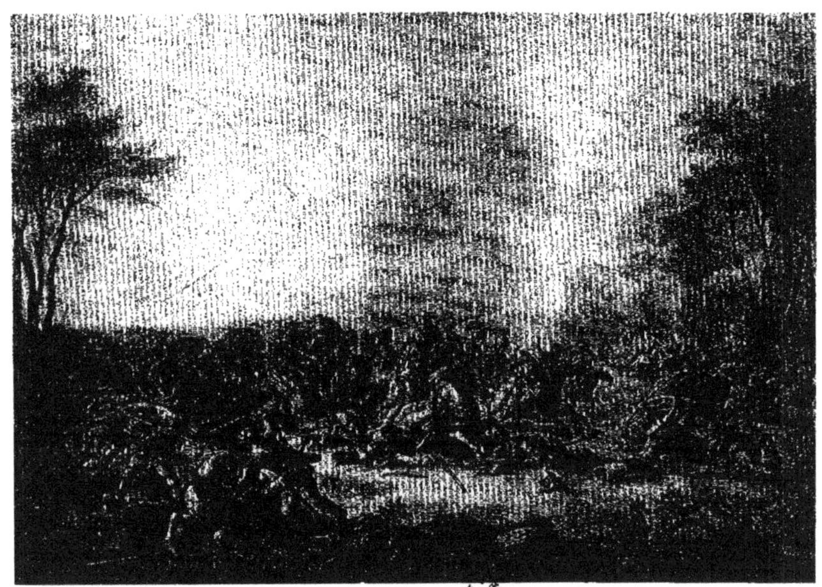

66

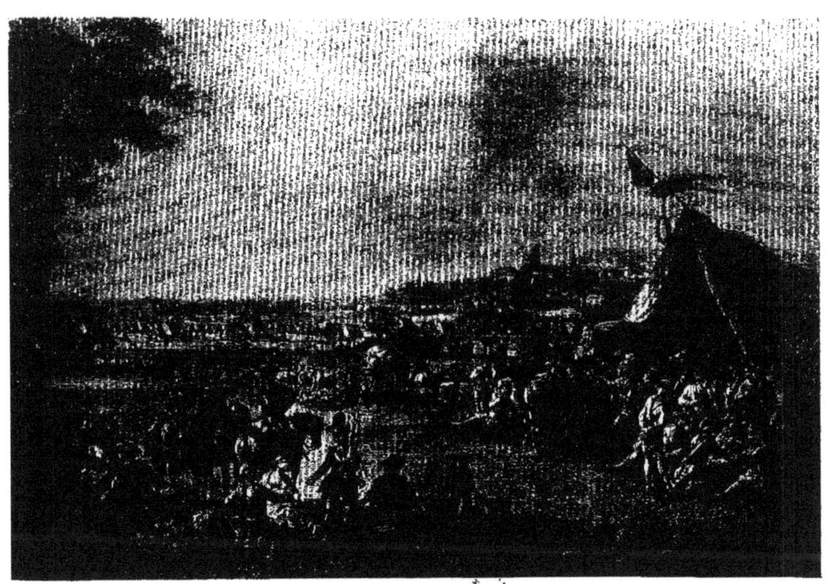

66

170 — **Plaque** en émail peint en couleurs représentant saint Jean l'Évangéliste. I. Laudin. Limoges. XVIIe siècle.
Cadre doré.

Haut., 0m23; larg., 0m19.

171 — **Plaque** ovale en émail peint en couleurs représentant saint François Xavier. I. Laudin. Limoges. XVIIe siècle.
Cadre doré.

Haut., 0m16; larg., 0m13.

172 — **Plaque** rectangulaire en émail peint en couleurs : sainte Madeleine au pied de la Croix. Laudin à Limoges. XVIIe siècle.

Haut., 0m15 1/2; larg., 0m12.

173 — **Plaque** rectangulaire en émail peint en couleurs : ECCE HOMO, par Laudin. Limoges. XVIIe siècle.

Haut., 0m14 1/2; larg., 0m11.

174 — **Petite coupe** lobée en émail peint en couleurs représentant au fond un personnage appuyé sur un bâton. A l'entour des fleurettes et des oiseaux. I. Laudin. Limoges. XVIIe siècle.

175 — **Deux tasses** en émail peint en couleurs, décorées chacune d'un écusson d'armoiries et de médaillons représentant l'une Judith et l'autre Iahel. I. Laudin. Limoges. XVIIe siècle.

176 — **Plaque** ovale en émail peint en couleurs représentant saint François agenouillé tenant le Crucifix. Noël Laudin. Limoges. XVIIe siècle.

Grand diam., 0m19 1/2; petit diam., 0m15 1/2.

177 — **Petite plaque** en émail peint en couleurs représentant saint Jean enfant et l'Agneau. Pierre Nouailher. Limoges. XVIIe siècle.

Haut., 0m07 1/2; larg., 0m09.

178 — **Plaque** ovale en émail peint en couleurs, représentant le Christ apparaissant à saint François. Encadrement de rocailles. Pierre Nouailher. Limoges. XVIIe siècle.

Haut., 0m17; larg., 0m14.

179 — **Bénitier** en émail peint en grisailles représentant l'Enfant Jésus et saint Jean-Baptiste. Limoges. XVIIe siècle.

Cadre doré.

Haut., 0m24.

180 — **Petite plaque** ovale en émail peint en couleurs : saint Jérôme et sainte Madeleine. Jean Nouailher. Limoges, 1748.

Grand diam., 0m11.

181 — **Deux petites plaques** de bourse en émail peint en couleurs représentant des portraits d'hommes et de femmes. Limoges. XVIIe siècle.

Haut., 0m08.

182 — **Petite plaque** de bourse en émail peint en couleurs ; portrait de femme. Atelier de Nouailher. Limoges. XVIIe siècle.

ORFÈVRERIE & CUIVRES - OBJETS VARIÉS

183 — **Croix** processionnelle en cuivre et argent doré ; elle est ornée sur la face du Christ, de la Vierge et de saint Jean ; au revers les symboles des Évangélistes. Le nœud est décoré de six médaillons ronds à saints personnages. Travail espagnol. XVe siècle.

Haut., 0m68.

184 — **Petite croix** reliquaire en cuivre argenté, les branches sont décorées de chérubins et les extrémités des branches contiennent des cavités pour y placer des reliques. XVIe siècle.

Haut., 0m30 1/2.

185 — **Croix** d'autel en cuivre, cristal de roche et bronze doré. Au pied de la croix deux petites statuettes de la Vierge et de saint Jean. XVIIe siècle.

Haut., 0m60.

186 — **Boîte** aux saintes huiles en cuivre doré en forme de cœur. Elle contient à l'intérieur deux petits récipients. XVIIe siècle.

Haut., 0m13.

187 **Plaquette** en argent repoussé représentant un saint évêque agenouillé devant la Vierge.

Haut., 0m19.

188 — **Plaquette** en argent repoussé représentant la Vierge tenant l'Enfant Jésus.

Haut., 0m15 1/2.

189 — **Coffret** rectangulaire en fer gravé décoré de médaillons bustes et d'arabesques.

Haut., 0m14; larg., 0m22.

190 — **Initiale** peinte sur parchemin en couleurs provenant d'un manuscrit et représentant l'Ascension du Christ.

Cadre doré.

Haut. et larg. 0m23.

191 — **Couteau** de chasse à poignée d'ivoire sculpté, monture en cuivre doré.

BRONZES

192 — **Petite statuette** en bronze antique : Vénus debout tenant un miroir.

Socle en bois noir.

Haut., 0m17 1/2.

193 — **Buste** en bronze patiné d'après l'antique. Portrait de Vitellius.

Socle en marbre mouluré.

Haut., 0m43.

194 — **Buste** en bronze patiné d'après l'antique. Portrait de philosophe.
Socle en marbre mouluré.

Haut., 0^m45.

195 — **Statuette** en bronze patiné : Neptune debout, le bras gauche levé tenant de la main droite un dauphin.

Haut., 0^m31.

196 — **Statuette** en bronze patiné : Vénus de Médicis.

Haut., 0^m31.

197 — **Petite statuette** en bronze : Mercure d'après Jean de Bologne.

Haut., 0^m20.

198 — **Statuette** en bronze patiné : Le Christ à la colonne.

Haut., 0^m18 1/2.

199 — **Groupe** en bronze partiellement doré et argenté représentant saint Michel terrassant le démon. Socle à pans, en bois garni de bronzes dorés.

Haut., 0^m68.

200 — **Petite statuette** en bronze ciselé et doré, de femme debout, drapée, tenant de sa main gauche un ample manteau. Socle carré garni de plaques de lapis.

Haut., 0^m16.

201 — **Statuette** en bronze ciselé et doré, représentant saint Luc, debout, écrivant l'Évangile. XVIIe siècle.

Haut., 0^m22.

202 — **Statuette** en bronze doré : la Prudence sous les traits d'une femme debout tenant un miroir et un serpent.

Haut., 0^m20.

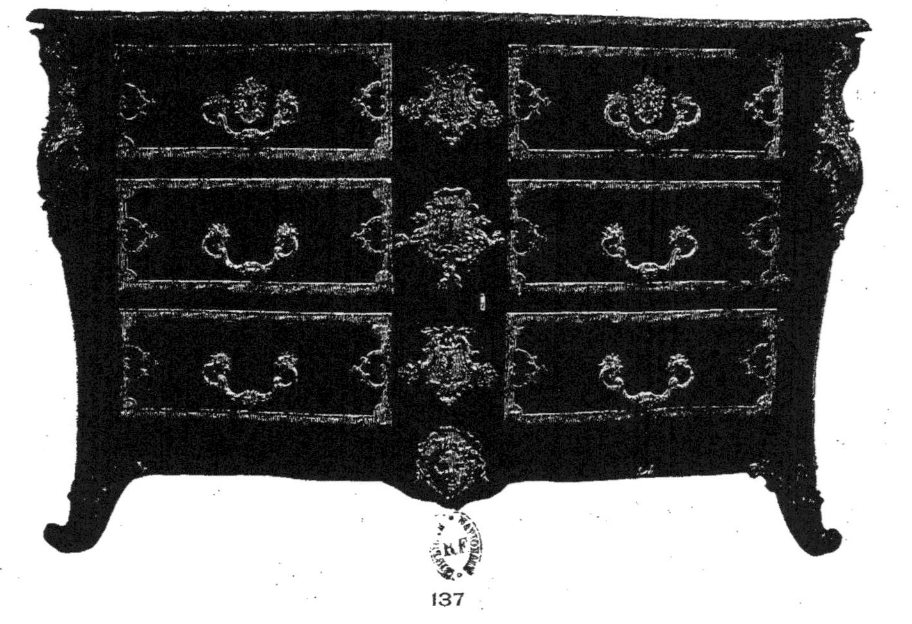

137

203 — **Petite statuette** en bronze doré : Neptune debout, le pied gauche posé sur un cheval marin. Fin du xvie siècle.

Haut., 0m16.

204 — **Deux statuettes** en bronze ciselé et doré représentant chacune un apôtre debout.

Haut., 0m36.

205 — **Deux centaures** en bronze ciselé et doré. Socles rectangulaire en marbre veiné.

Haut., 0m30.

206 — **Statuette** en bronze doré : le Christ attaché à la colonne.

Socle à pans à pieds dorés.

Haut., 0m22.

207 — **Plaque** reclangulaire en bronze doré, représentant l'Adoration des Bergers. Italie, fin du xvie siècle.

Haut., 0m36; larg., 0m26.

208 — **Christ** en bronze fondu et doré. Italie, fin du xvie siècle.

Haut., 0m21.

209 — **Deux statuettes** en bronze patiné et partiellement doré. Allégorie des saisons : une femme debout tenant une corne d'abondance personnifiant l'Été et statuette d'homme debout tenant un tonnelet sous son bras et personnifiant l'Automne.

Socle en marbre veiné.

Haut., 0m26.

210 — **Petite statuette** en bronze ciselé et doré : saint Michel debout.

Socle en bois noir.

Haut., 0m19.

211 — **Statuette** de Minerve, en bronze patiné, debout, casquée, cuirassée à la romaine et tenant un bouclier. xviie siècle.

Haut., 0m27.

212 — **Deux statuettes** en bronze patiné, jeune femme debout jouant de la lyre et jeune homme jouant de la flûte.
Socles en marbre de couleur.

Haut., 0m25.

213 — **Deux flambeaux** en bronze patiné à tige balustre reposant sur une base moulurée. Travail de Venise.

Haut., 0m15.

214 — **Plaquette** rectangulaire en bronze doré, représentant une composition à personnages tirée de la vie de la Vierge. Italie, fin du XVIe siècle.

Haut., 0m24; larg., 0m17.

215 — **Plaquette** en bronze doré et découpé représentant le baptême du Christ. Italie. XVIIe siècle.
Cadre en écaille.

Haut., 0m21; larg., 0m18.

216 — **Deux plaques ovales** en bronze ciselé et doré : l'une représentant la Lapidation de saint Etienne, l'autre la Conversion de saint Paul.
Cadre en bois noir garni d'appliques en bronze ciselé et doré. Italie. XVIIe siècle.

Haut., 0m38; larg., 0m43.

217 — **Baiser de Paix** en bronze ciselé et doré représentant le Christ de Pitié entre les saintes femmes. Encadrement à pilastres ornementées et fronton cintré orné de l'Annonciation.
Italie. XVIe siècle.

Haut., 0m14 1/2.

218 à 225. — **Série de petites plaquettes** en bronze patiné ou doré à sujets religieux variés. Travail italien.

226 — **Deux médaillons** ronds en plomb, l'un représentant une scène historique à personnages et l'autre le Jugement de Salomon.

BOIS SCULPTÉS

227 — **Statuette** en bois sculpté représentant saint Florian, debout, en armure, déversant un seau d'eau sur un monument en flammes. Art allemand.

Haut., $0^{m}75$.

228 — **Statuette** en bois sculpté et peinte en blanc représentant la Vierge debout les mains croisées sur la poitrine. Travail allemand.

Haut., $0^{m}68$.

229 — **Petit groupe** en buis sculpté représentant la Vierge debout et drapée tenant l'Enfant Jésus debout à son côté.

Haut., $0^{m}19$.

230 — **Petit groupe** en bois sculpté et peint : saints personnages en adoration devant la Vierge et l'Enfant Jésus. XVIIe siècle.

Haut., $0^{m}17$.

231 — **Petite statuette** en bois : saint Antoine debout, lisant. XVIIe siècle.

Haut., $0^{m}15$.

232 — **Petite statuette** de sainte femme debout, bois sculpté.

Haut., $0^{m}13$.

233 — **Petit groupe** en bois sculpté représentant la Vierge debout tenant l'Enfant Jésus.

Haut., $0^{m}14$.

234 — **Statuette** en bois sculpté représentant la Vierge debout, drapée et voilée, la tête inclinée et levée.

Haut., $0^{m}21$.

235 — **Panneau** rectangulaire en bois sculpté représentant saint Jérôme au milieu des lions. Fin du xvie siècle.

Haut., 0^{m}235; larg., 0^{m}24.

236 — **Petite plaque** en bois sculpté représentant le sacrifice d'Abraham. Fin du xvie siècle.

Haut., 0^{m}06; larg., 0^{m}11.

237 — **Petit haut-relief** en bois sculpté représentant Amphitrite debout dans un char conduit par des dauphins. xviie siècle.

Haut., 0^{m}175; larg., 0^{m}115.

238 — **Petite plaquette** en bois sculpté représentant la conversion de saint Paul. Fin du xvie siècle.

Cadre doré.

Haut., 0^{m}085; larg., 0^{m}15.

239 — **Trois petites plaquettes** rectangulaires en bois sculpté représentant Hercule terrassant l'Hydre de Lerne, Hercule combattant le Lion de Némée, et Hercule décochant une flèche au Centaure. Italie, fin du xvie siècle.

Haut., 0^{m}07; larg., 0^{m}15.

240 — **Petite croix** en bois sculpté et ajouré, ornée sur toutes ses faces de petits sujets microscopiques. Travail gréco-russe.

Haut., 0^{m}115.

241 — **Plaque** de baiser de Paix en bois sculpté représentant la Vierge et les Apôtres.

Haut., 0^{m}185.

242 — **Plaque** de baiser de Paix en bois sculpté représentant l'Adoration des Rois Mages.

Haut., 0^{m}18.

243 — **Plaquette** rectangulaire en buis sculpté : Pieta. Travail italien.

Haut., 0^{m}16; larg., 0^{m}105.

244 — **Haut-relief** de forme cintrée en bois sculpté et peint représentant la Nativité.

Haut., 1m00; larg., 0m63.

SCULPTURES

245 — **Buste** de femme, de face, la poitrine drapée. Elle est coiffée d'un large bandeau orné de rubans. Marbre blanc. Époque romaine.

Le nez est refait.

Haut., 0m55.

246 — **Deux hauts-reliefs** en marbre blanc représentant les Deux larrons. Travail italien.

Haut., 0m47; larg., 0m24.

247 — **Haut-relief** en albâtre représentant Auguste et la sibyle. Italie. XVIe siècle.

Haut., 0m195; larg., 0m14.

248 — **Haut-relief** sans fond en stuc polychromé, la Vierge à mi-corps tournée vers la gauche allaitant l'Enfant-Jésus. Ancien travail italien.

Haut., 0m55.

249 — **Bas-relief** en stuc peint représentant la Vierge assise tenant l'Enfant nu sur son genou. Travail italien.

Haut., 0m70; larg., 0m50.

250 — **Groupe** en terre cuite représentant Hercule combattant le Lion de Némée. Travail italien.

Haut., 0m45.

www.ingramcontent.com/pod-product-compliance
Ingram Content Group UK Ltd.
Pitfield, Milton Keynes, MK11 3LW, UK
UKHW021501260726
13993UKWH00004B/1518

9 782329 174037